Drôles de graines

L'orthographe rectifiée, qui fait désormais référence dans les programmes scolaires, est appliquée dans cet ouvrage.

Loi n° 49-956 du 16 juillet 1949 sur les publications destinées à la jeunesse, modifiée par la loi n° 2011-525 du 17 mai 2011.
ISBN : 978-2-09-257126-2

Hélène Montardre

Les apprentis Chercheurs

Drôles de graines

Illustrations de Laurent Audouin

Nathan

CHAPITRE 1

– Vous allez voir comme vous allez être bien, murmure Lisbeth.

Elle pousse la porte de sa chambre et s'arrête sur le seuil, indécise. Ses mains sont serrées sur une toute petite boite. Une boite qui contient un trésor ! Pas question de la poser n'importe où.

Elle examine sa chambre. Le désordre habituel y règne. La pile de livres installée sur son bureau s'est écroulée sur ses cahiers. Sa trousse de la Parfaite Petite Chimiste est ouverte sur une chaise. Des vêtements trainent un peu partout. Le vivarium où elle élève vers de terre, cloportes et autres bestioles sympathiques est placé en équilibre sur l'étagère à côté de son lit.

« Près du vivarium ? se demande Lisbeth. Non. Il ne faudrait pas que les vers de terre les dérangent… »

Elle avance dans sa chambre et pose avec précaution la petite boite sur le rebord de la fenêtre. Puis elle allume son ordinateur.

Elle vient juste de commencer sa recherche, quand Matt fait irruption dans sa chambre.

– Qu'est-ce que tu fais ? demande-t-il à sa sœur.

– Je cherche un truc, marmonne Lisbeth.

Matt ose à peine entrer dans la pièce. Quelle pagaille ! Il ne comprend pas comment sa sœur peut vivre dans un bazar pareil. Sa chambre à lui est toujours parfaitement rangée, et il aime ça.

Il aperçoit la boite sur le rebord de la fenêtre.

– Qu'est-ce que c'est ? interroge-t-il.

– Des graines. C'est ma copine Eva qui me les a données...

– Tu fais voir ?

Lisbeth ouvre la boite avec précaution, dévoilant trois graines sur un coussin de coton blanc. Elles sont grosses, rondes et d'un jaune éclatant.

Matt fronce les sourcils.

– Elles sont bizarres, ces graines...

– Mais non ! s'exclame Lisbeth. Elles sont très jolies.

– Eva t'a dit de quelle plante elles proviennent ?

– Non...

– Alors, poursuit Matt, tu devrais te méfier. Moi, à ta place, j'abandonnerais tout de suite l'idée de les planter. Ça peut être dangereux.

Et il tourne les talons.

Lisbeth hausse les épaules. Son frère a trop d'imagination !

Elle retourne à ses recherches.

– « Pour pousser, lit-elle, une plante a besoin

d'eau, d'air, de lumière et de sels minéraux. »
Des sels minéraux... Ah ! C'est expliqué ici : « La terre contient des sels minéraux qui peuvent se dissoudre dans l'eau. Les racines de la plante les absorbent en même temps que l'eau. C'est ce qu'on appelle la sève brute. Elle monte le

long de la tige et se répand dans toutes les feuilles. » Incroyable… Et on peut apporter plus de sels minéraux en ajoutant des engrais. Ah oui ! Comme ceux que maman utilise pour ses plantes.

Lisbeth adresse à ses graines un regard plein de tendresse.

– Vous allez être contentes, dit-elle. Je vais bien m'occuper de vous.

Chapitre 2

– Maaatt ! Viens voir !

Les cris de Lisbeth tirent Matt de sa lecture.

Sa sœur est dans sa chambre, devant le pot où elle a planté ses graines. Matt se penche. Une minuscule tige verte a fait son apparition.

– Ça pousse, on dirait, commente-t-il.

– Oui ! réplique Lisbeth. Avec tout ce que je leur ai donné, c'est normal ! Ils le disent sur Internet : une plante ne peut pas pousser dans un milieu hostile. Il lui faut un milieu favorable. Devant la fenêtre, elle a toute la lumière qu'il faut. Je l'arrose chaque jour. Et je mets de l'engrais aussi. Et je suis sure qu'elle adore ma chambre. Et...

Matt n'a pas l'air de partager son enthousiasme.

– Tu aurais mieux fait de suivre mes conseils, l'interrompt-il avec un air sombre. Et de rendre ces graines à Eva...

– Mais pourquoi tu dis ça ?

Matt répond sur un ton mystérieux :

– Tu verras !

Quelques jours plus tard, la tige verte a grandi et un bourgeon est apparu. Le bourgeon grossit, et un matin Lisbeth a la surprise de découvrir une petite feuille d'un vert délicat.

Encore quelques jours et la tige a donné naissance à plusieurs rameaux, chacun orné de trois ou quatre feuilles.

Au bout d'un moment, les graines plantées par Lisbeth sont devenues une plante qui atteint déjà une jolie taille.

– Elle est trop belle, ne cesse de répéter Lisbeth.

Matt est toujours aussi sceptique.

– Tu as vu ce vert ? dit-il. Il est bizarre.

– Avec toi, tout est bizarre ! s'énerve sa sœur. Qu'est-ce que tu lui reproches, à cette plante ?

– Rien... marmonne Matt. Elle me rappelle juste un truc que j'ai lu, ajoute-t-il en frissonnant.

Lisbeth ne lui prête plus attention. Elle explique :

– Bientôt, ma plante pourra avoir des bébés. Il faut d'abord qu'elle fasse une fleur. Puis que du pollen tombe dans le pistil de la fleur. À ce moment-là, celle-ci se transformera en fruit... Un fruit avec des graines à l'intérieur ! Et si je

replante les graines, j'aurai plein de nouvelles plantes !

À cette idée, Matt frissonne de plus belle, mais Lisbeth ne s'en aperçoit pas.

Les parents de Matt et Lisbeth, eux, sont très étonnés.

– Elle pousse vite, cette plante ! s'exclame leur père, Peter.

– Philibert va être surpris quand il verra ça, ajoute leur mère, Lucie.

Philibert est l'oncle des enfants et le frère de leur mère. C'est aussi un scientifique qui passe une partie de son temps à courir le monde pour présenter Oskar, son calmar géant, au public et aux savants. En ce moment, il voyage seul, et il a confié Oskar à Lucie. Lisbeth est ravie, car Oskar est son grand copain.

Le jour suivant, la plante s'est encore épanouie.

– Tu lui donnes peut-être trop d'engrais, fait remarquer Lucie à sa fille.

– Nous verrons ça à notre retour, intervient Peter.

Car les parents de Matt et Lisbeth ont prévu de s'absenter une semaine. Heureusement,

Philibert doit arriver le soir même. Les enfants ne resteront pas seuls très longtemps.

– Soyez sages en attendant votre oncle, recommande Peter en montant dans la voiture.

– Et n'oubliez pas d'aller voir Oskar, rappelle Lucie. Il s'ennuie un peu, ces temps-ci...

– Lisbeth, lance Peter avec un clin d'œil, je crois qu'Oskar est jaloux de ta plante. Depuis que tu as semé ces graines, tu le délaisses.

Peter et Lucie montent dans la voiture qui s'éloigne. Voilà Matt et Lisbeth seuls avec Oskar... et la plante.

L'après-midi s'écoule tranquillement. Matt lit dans sa chambre. Lisbeth a suivi les conseils de sa mère : elle est descendue dans la pièce où l'aquarium d'Oskar est installé et tous deux ont entamé une partie de lance-canard. Avec tous ses tentacules, Oskar est très adroit à ce jeu et il en profite pour asperger Lisbeth.

À dix-huit heures, Philibert n'est pas arrivé.

À dix-neuf heures non plus.

À dix-neuf heures trente, le téléphone sonne. C'est Philibert !

– Je suis en panne, explique-t-il. Impossible de réparer la voiture ce soir. C'est embêtant... Je vais appeler vos parents pour leur dire de rentrer...

– Non, non ! répond Matt. Juste pour une nuit, nous pouvons nous débrouiller. Tu seras là demain ?

– Oh oui, je pense ! Mais tu es sûr que ça va aller ? Vous n'aurez pas peur tous les deux ?

– Non, non ! Nous avons Oskar...

Et c'est vrai, les deux enfants n'ont pas peur.

Au moment d'aller se coucher, cependant,

Lisbeth s'arrête sur le seuil de sa chambre. Elle a l'impression que sa plante a encore grandi depuis tout à l'heure ! Comme si elle se mettait à pousser dès qu'elle avait le dos tourné…

CHAPITRE 3

Dans son sommeil, Lisbeth se bat contre quelque chose d'invisible. C'est à la fois doux, solide et très envahissant. Impossible de s'en débarrasser ! Comme si ses bras étaient prisonniers.

Petit à petit, elle comprend ce qui se passe. Sa chambre s'est transformée en forêt vierge ! La lumière du jour est filtrée par un fouillis de feuilles et de tiges, et ce sont elles qui l'emprisonnent ainsi.

Lisbeth observe la grande feuille qui se balance au-dessus de sa tête. Elle a exactement la même forme que les feuilles de sa plante !

La belle lumière verte l'attire et elle meurt d'envie de découvrir cet espace végétal. Car sa chambre ne ressemble plus à une chambre. De longues tiges ornées de feuilles gigantesques courent d'un mur à l'autre et du sol au plafond.

L'inquiétude gagne Lisbeth.

« C'est peut-être dangereux... » se dit-elle.

Elle doit sortir de là. Mais où se trouve la porte ? Ah ! Là-bas ! Elle fait un énorme effort pour descendre de son lit. Impossible... Elle est prisonnière des tiges et il y a toujours cette chose à la fois douce et solide sur sa tête.

Soudain, elle tire dessus un grand coup et...

– Ouille ! s'exclame Lisbeth.

Elle cligne des yeux dans la lumière du matin et se frotte machinalement le coude. Elle vient de tomber de son lit ! Où est passée la mystérieuse végétation ? Disparue.

– C'était un rêve, murmure-t-elle. Juste un rêve…

Et elle éclate de rire en découvrant ce qui l'a provoqué : sa serviette de piscine !

Elle se souvient à présent. La veille, elle l'a jetée sur l'étagère au-dessus de son lit. Durant la nuit, la serviette, d'une jolie couleur verte, lui est tombée sur la tête ! C'est ça, la chose qu'elle essayait de repousser. Mais quel rêve bizarre ! Et un peu effrayant…

Pourtant… Pourtant, il y a quand même un détail curieux.

Elle comprend de quoi il s'agit : sa plante a considérablement poussé pendant qu'elle dormait. Elle occupe maintenant presque un quart de la pièce !

Lisbeth bondit sur ses pieds, ouvre sa porte à toute volée et appelle :

– Maaatt !

Elle court jusqu'à la chambre de son frère.

– Matt ! Réveille-toi ! Il se passe un truc incroyable.

Matt était encore en plein sommeil et il a du mal à ouvrir les yeux. Du mal aussi à croire que Lisbeth est déjà debout ! Habituellement, c'est lui qui se lève le premier.

Lisbeth ne lui laisse pas le temps de reprendre ses esprits.

– J'ai fait un rêve, commence-t-elle. Un rêve incroyable...

Matt l'écoute et finit par marmonner :

– Lisbeth, ce n'est qu'un rêve...

– Oui, mais ce n'est pas tout ! l'interrompt Lisbeth. Ma plante a grandi comme jamais cette nuit. Tu la verrais : elle occupe une grande partie de ma chambre !

Matt est bien réveillé tout à coup.

– Tu es sure de ce que tu dis ? interroge-t-il.

Il n'a pas besoin de la réponse de sa sœur. Lisbeth est toute blanche et elle tremble de tout son corps.

– Allons voir, déclare-t-il.

Dans la chambre de sa sœur, Matt doit se rendre à l'évidence : la plante est vraiment très grande ! Ses feuilles effleurent le plafond et ses rameaux s'étalent un peu partout, dissimulant le désordre.

Il s'approche et tend le doigt.

– Tu as vu, là ? Qu'est-ce que c'est ?

Lisbeth s'approche à son tour. Une petite boule s'est formée sur l'un des rameaux.

– Il y en a une autre ici, dit Matt.

– Là aussi ! s'exclame Lisbeth. Et... Oh ! Regarde, cette tige, elle n'y était pas tout à l'heure, j'en suis sure !

Matt prend la main de sa sœur et recule vers la porte.

– Viens, Lisbeth. Ne restons pas là.

Il entraine sa sœur et referme soigneusement la porte.

– Que se passe-t-il, Matt ? Tu as une idée ? demande Lisbeth.

– Peut-être... répond Matt. Mais laisse-moi le temps de vérifier deux ou trois trucs.

Chapitre 4

– Mais que fait Matt ? demande Lisbeth.

Oskar lève les yeux au ciel. Il ne peut pas répondre aux questions de la fillette !

– Ça fait au moins une heure qu'il est enfermé dans sa chambre ! reprend Lisbeth. Et dans la mienne, savoir ce qui se passe...

Soudain, Oskar lève un tentacule et l'agite joyeusement. Lisbeth se retourne.

Voilà Matt ! Jamais il n'a eu l'air aussi sérieux. Il s'assoit à côté de Lisbeth, devant l'aquarium d'Oskar, et montre le livre qu'il a apporté.

– Tout est là-dedans, dit-il.

Oskar fixe le livre d'un œil curieux. Lisbeth aussi.

– Que t'a dit Eva en te donnant ces graines ? demande Matt.

– Rien de précis. Juste que ça ferait une jolie plante.

– Eh bien, à mon avis, il ne s'agit pas d'une plante banale. Elle n'est pas comme celles qui sont dans le salon. C'est une plante qui vient d'ailleurs...

– Allez, Matt, s'énerve Lisbeth. C'est quoi, cette plante ?

Matt prend une profonde inspiration avant de lâcher :

– C'est une plante carnivore.

– Quoi ? s'exclame Lisbeth.

– C'est ce livre qui m'a donné l'idée, explique Matt en tapotant le recueil. Il raconte l'histoire d'un explorateur perdu dans les jungles d'Asie du Sud-Est. Cet explorateur est aussi botaniste. S'il est allé là-bas, c'est pour étudier les plantes, et une en particulier...

La voix de Matt se fait lointaine alors qu'il poursuit :

– Là-bas, le climat est très différent du nôtre. Il pleut beaucoup, il fait chaud, et l'air et la terre sont toujours humides. Les plantes adorent ça. Alors, il y en a beaucoup et elles sont très différentes de celles qu'on a ici. Les forêts aussi sont différentes. Elles sont vastes, touffues et plein de bêtes y vivent. Ce sont des jungles. Peu de gens osent s'y aventurer.

Lisbeth écoute son frère. Elle est fascinée. Matt décrit un univers extraordinaire. Un univers qui ressemble à celui de son rêve.

– Mon explorateur s'appelle Franck, enchaine Matt. La plante qu'il cherche se trouve au cœur de cette jungle. Il ne sait pas où. Alors, depuis des jours et des jours, il marche. Il coupe les lianes qui barrent sa route, il traverse des rivières, il est harcelé par les moustiques. Parfois, il lève la tête. Les arbres sont si hauts qu'il n'aperçoit même pas le ciel !

Matt reprend son souffle avant de continuer :

– Franck n'est pas seul. Un autre botaniste, Mario, l'accompagne. Lui aussi se passionne pour cette plante particulière. Un jour enfin...

Dans son aquarium, Oskar est immobile. Plus question de jouer à lance-canard ! Lisbeth est comme lui : plongée dans l'univers que Matt décrit.

Autour des deux enfants et du calmar géant, les murs de la pièce se sont ouverts. Un vent chaud et humide souffle tandis qu'une sourde rumeur leur parvient. C'est le chant de la jungle, celui des arbres et de tous les animaux qui vivent là.

Les deux hommes errent dans cet espace sauvage. Ils désespèrent de découvrir la plante qu'ils recherchent. Ils ne sont même pas surs de savoir à quoi elle ressemble ! Plusieurs personnes leur en ont fait des descriptions et toutes étaient différentes.

Et puis un vieil homme leur a simplement dit :

– Quand vous la verrez, vous la reconnaitrez.

Soudain, les deux hommes se figent. Une clairière s'ouvre devant eux. Au centre, rien n'a poussé, si ce n'est une plante formidable. Ses feuilles s'étalent largement ; sa tige robuste

s'élève vers le ciel avant de se courber sous le poids d'une fleur. Une fleur énorme, rose, avec des pétales veloutés, un pistil flamboyant et de longues étamines jaunes et duveteuses.

Les deux explorateurs ont encore dans les oreilles la voix du vieux monsieur qui leur a assuré : « Quand vous la verrez, vous la reconnaitrez. »

Il avait raison. Cette plante est unique et sa fleur aussi.

– C'est elle, murmure Franck.

Mario se précipite déjà, mais son ami le retient.

– Attends !

La fleur rose se balance mollement. Autour d'elle, rien ne bouge. Les arbres sont en retrait et aucun animal ne semble s'aventurer dans la clairière.

Aucun ?

Si. Une ombre vient de surgir. Franck la désigne et chuchote :

– Un singe !

Le singe observe la fleur avec curiosité. Il se décide enfin à faire un pas dans sa direction. La fleur se tourne vers lui en répandant un parfum puissant.

– Tu sens ? demande Franck.

– C'est délicieux, répond Mario.

– C'est comme ça qu'elle les attire, explique Franck.

Effectivement, le singe avance, hésite, recule, avance à nouveau, plus près, de plus en plus près... La fleur se penche vers lui. Le singe se dresse sur ses pattes arrière pour mieux respirer son parfum. La fleur se penche encore. Ses pétales effleurent la tête du singe, puis ses épaules. Il n'y prend pas garde. Alors, tout

doucement, les pétales enveloppent le singe et, tout aussi doucement, se referment sur lui. Puis la fleur se redresse. Voilà, c'est fini.

Les deux hommes remarquent à cet instant le profond silence qui règne autour d'eux. Durant tout le temps où la fleur attirait sa proie, la forêt n'a pas bougé. À présent que tout est terminé, les oiseaux recommencent à chanter, les insectes à bourdonner, le vent à souffler, et les mille bêtes de la jungle reprennent leurs occupations.

Matt se tait.

Oskar est recroquevillé dans son aquarium, la tête au ras de l'eau, les tentacules au repos. Lisbeth a le regard rêveur.

– Ça doit être beau, cette jungle, murmure-t-elle. Et cette fleur aussi !

– Beau ! s'exclame Matt. Dangereux, oui !

– C'est vrai. Mais pourquoi dis-tu que ma plante est une carnivore comme celle de ton histoire ?

Matt ouvre son livre et le tend à sa sœur.

– Regarde.

Une illustration occupe toute une page, et Lisbeth doit se rendre à l'évidence : la plante représentée ressemble vraiment à la sienne !

– Tout correspond, confirme Matt. Ils expliquent même que si elle se trouve dans un milieu favorable, cette plante pousse très vite. Je t'avais dit de te méfier de ces graines ! Et tu as vu ces boules que ta plante est en train de fabriquer ?

– Oui.

– Ce sont des bourgeons de fleurs.

– C'est vrai ? fait Lisbeth joyeusement.

– À ta place, grogne Matt, je ne me réjouirais pas. Tu ne t'en pas aperçue, mais l'extrémité des bourgeons est rose, du même rose que la fleur de mon livre !

– Glups ! fait Oskar en plongeant au fond de son aquarium.

– Et si tu as bien écouté mon histoire, tu sais à présent ce qu'elles font, ces fleurs roses...

Chapitre 5

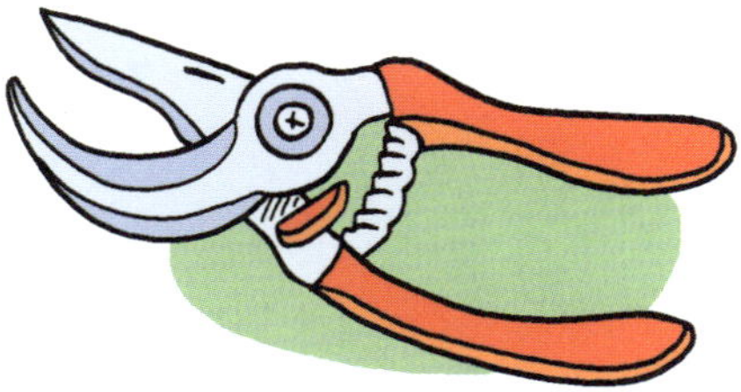

– Tu es sûr ? demande Lisbeth.

– Oui, répond Matt fermement. C'est la seule solution.

Il tient à la main le petit sécateur que ses parents utilisent pour les plantes du salon.

– Quand je pense que tu voulais récupérer des graines pour avoir d'autres plantes comme elle ! dit encore Matt. Bon, nous allons déjà couper tous les bourgeons qui se sont formés. Pas question de les laisser se développer !

– C'est dommage quand même. J'aurais bien aimé voir de quoi les fleurs ont l'air...

– Lisbeth ! C'est une plante carnivore. Elle nous est hostile !

Les voilà devant la porte de la chambre de Lisbeth. Matt pose la main sur la poignée et demande :

– Tu es prête ?

– Oui, soupire Lisbeth.

À ce moment, une voix appelle :

– Ohé, les enfants ! Vous êtes où ?

– C'est tonton Philibert ! rugit Lisbeth. Nous sommes là ! En haut !

Une minute plus tard, un géant barbu serre les enfants dans ses bras.

– Qu'est-ce que je suis content de vous voir ! Tout s'est bien passé ? Vous n'avez pas eu peur ?

– Non, non, dit Lisbeth. Mais...

Elle jette un coup d'œil à son frère.

– Mais quoi ? interroge Philibert.

Sans hésiter, Lisbeth lui raconte toute l'histoire, depuis les graines données par Eva jusqu'à la fleur rose qui s'épanouit peut-être en ce moment derrière la porte close, en passant par les conclusions auxquelles Matt est arrivé.

– Une fleur carnivore ? fait Philibert quand elle se tait. Nous allons voir ça !

Et d'un large geste du bras, il ouvre grand la porte.

– Oooh ! s'exclament les deux enfants et Philibert en chœur.

La plante a encore grandi. Elle touche le plafond, s'étale sur les côtés et occupe désormais près de la moitié de la pièce. Mais ce n'est pas le plus surprenant. Ce que Matt, Lisbeth et Philibert fixent, le souffle coupé,

c'est la merveilleuse fleur rose qui se balance au bout d'une longue tige.

– Elle est trop belle, cette fleur, dit Lisbeth en faisant un pas en avant.

– N'approche pas ! l'arrête Matt. Tonton, il faut que tu m'aides. On va couper cette fleur, hacher les tiges en morceaux, bruler les racines et...

– Ce serait dommage, l'interrompt Philibert.

– Mais non ! réplique Matt. Pourquoi tu dis ça ?

– Parce que cette plante est magnifique.

– Et puis, ajoute Lisbeth, je me rappelle, maintenant... À l'école, le maitre a parlé des plantes carnivores. En fait, ça n'existe pas vraiment... Enfin, si, ça existe ! Mais ce ne sont pas de grandes plantes comme celle-ci, et elles ne peuvent pas dévorer les animaux.

Enfin, pas les gros… C'est bien ça, n'est-ce pas, tonton ?

– C'est bien ça, confirme Philibert. Il y a plusieurs centaines d'espèces de plantes carnivores, et aucune ne ressemble à la tienne. De plus, comme tu viens de le dire, Lisbeth, elles ne s'attaquent pas aux gros animaux, mais plutôt aux insectes, et aux crustacés si elles vivent dans l'eau. D'ailleurs, la plupart de ces plantes carnivores sont de petite taille. Quelques-unes cependant mesurent aux alentours d'un mètre de hauteur. D'autres poussent le long des arbres en s'accrochant au tronc, comme des lianes. Mais elles sont toutes différentes de la plante de Lisbeth !

– Mais mon livre… commence Matt.

– Il raconte une superbe histoire, le coupe Philibert. La jungle est un univers mystérieux et les hommes ont souvent imaginé qu'il s'y passait des choses étranges. Et c'est la vérité ! Car pour survivre dans ce milieu, les plantes et les animaux ont développé des stratégies très futées...

– Des stratégies ? interroge Lisbeth.

– Oui. Des moyens pour ne pas disparaitre et pour se développer. Les plantes sont très fortes dans ce domaine. Savez-vous, par exemple, que les passiflores ont des glandes qui contiennent un liquide sucré ? Ce liquide attire les fourmis. Mais pour quoi faire ? Pour empêcher les chenilles de venir dévorer la passiflore ! Je connais aussi un champignon qui a trouvé le moyen de résister à la sécheresse. Dès qu'il fait chaud, il se met en boule. Et dès qu'il pleut, hop ! il s'ouvre. Et les campanules... Le soir venu, en montagne, elles replient leur corolle pour protéger leur pollen du gel. Une espèce rabat même ses feuilles au-dessus de sa fleur pour mieux la protéger !

Matt et Lisbeth écoutent avec passion. Les histoires que Philibert raconte sont extraordinaires ; aussi extraordinaires que celle du livre de Matt ! Et elles sont vraies.

– La nature n'a jamais fini de nous étonner, conclut Philibert. Et nous sommes loin de tout connaitre ! L'homme a encore des centaines de milliers d'espèces animales et végétales à découvrir.

– Oui, mais quand même, proteste Matt, ce n'est pas normal, une plante qui pousse si vite !

– Pourquoi pas ? répond son oncle. Une autre plante, le bambou, peut pousser d'un mètre par jour s'il se trouve en milieu favorable. Et Lisbeth a créé pour sa plante un milieu particulièrement favorable ! Mais cette plante a besoin d'espace.

Elle ne peut pas rester dans la chambre. Et il faut la tailler. D'ailleurs, c'est ce que nous allons faire, sinon jamais nous ne réussirons à la sortir de là ! Matt, ton sécateur va nous être très utile !

Aussitôt, Philibert se met au travail. Il coupe, coupe et coupe encore. Les tiges et les rameaux s'amoncèlent sur le sol de la chambre.

– Emportez-moi tout ça au jardin, ordonne Philibert. Jetez-le sur le tas où vos parents mettent les mauvaises herbes.

Une heure après, la plante a considérablement diminué de volume. Assez en tout cas pour passer par la porte ! Et Matt et Lisbeth ont effectué de nombreux allers-retours pour transporter les tiges coupées dans le jardin.

Enfin, avec l'aide de Philibert, ils l'installent dans la pièce où se trouve Oskar.

– Cela te fera de la compagnie ! lance Philibert au calmar.

Celui-ci n'a pas l'air très rassuré. Il réplique en projetant une grande giclée d'eau sur la plante.

Philibert éclate de rire :

– C'est parfait ! Tu pourras même l'arroser si jamais Lisbeth oublie.

– Je n'oublierai pas ! assure Lisbeth.

– Allons finir de nettoyer ta chambre, propose Philibert.

Lisbeth emboite le pas à son oncle tandis que Matt reste seul avec Oskar et la plante.

La fleur rose se balance au bout de sa tige. Elle sent bon. Matt s'approche.

– Blups ! fait Oskar dans son dos.

Une mouche survient en bourdonnant. Elle tourne un moment au-dessus de l'aquarium. Oskar essaie de l'attraper, sans succès. Attirée par le parfum, la mouche s'approche de la plante. Alors, doucement, la tige qui porte la fleur se tend vers le ciel. La mouche ne résiste pas. Elle plonge au cœur de la corolle. Sous les yeux ébahis de Matt, la fleur referme lentement ses pétales, enfermant la mouche dans sa prison. Puis la tige s'abaisse à nouveau. Au bout, la fleur fermée semble se reposer, comme quelqu'un qui digère.

Matt tourne un regard éberlué vers Oskar.

– Tu as vu ce que j'ai vu ? demande-t-il.

Oskar hoche sa grosse tête.

– Et tonton Philibert qui prétend qu'il n'y a pas de plantes carnivores par ici ! s'exclame

Matt. Et que de toute façon notre plante n'a rien d'une carnivore... Mais si on lui raconte ce que nous venons de voir, il ne nous croira pas. Il pensera que j'ai trop d'imagination ! Tu sais quoi, Oskar ? On ne va rien lui dire. Ce sera notre secret.

Table des matières

Hélène Montardre, l'auteure

Hélène Montardre est écrivain. Elle a écrit de nombreux livres : romans, contes, récits, albums et documentaires.
Aux Éditions Nathan, elle est l'auteure de tous les titres de la série « Les apprentis chercheurs » et des romans des collections « Petites histoires de la mythologie » et « Petites histoires de l'Histoire ». Elle a aussi publié *Le Fantôme à la main rouge, Persée et le regard de pierre, Zeus à la conquête de l'Olympe, Ulysse l'aventurier des mers, Alexandre le Grand – Jusqu'au bout du monde.*

Laurent Audouin, l'illustrateur

Laurent Audouin a toujours été un lecteur passionné et dévoreur de livres… jusqu'à devenir illustrateur ! Dès 8 ans, grâce à sa bibliothèque de quartier, il découvre des trésors d'albums jusqu'alors inconnus !
Diplômé des Arts appliqués, il a publié de nombreux albums pour la jeunesse, dont *Les Enquêtes de Mirette* (Sarbacane) et *Sacré Cœur* (Petit Lézard). Ces deux séries condensent ce qui a inspiré son enfance : Tintin pour *Mirette*, Jules Verne avec une touche d'Adèle Blanc-Sec pour *Sacré Cœur*.
Pour ses livres, Laurent a obtenu plusieurs prix (prix Chronos, prix Molière, prix Cordage).

Tu as aimé ce roman ?

Retrouve d'autres romans de la série !

Les apprentis Chercheurs

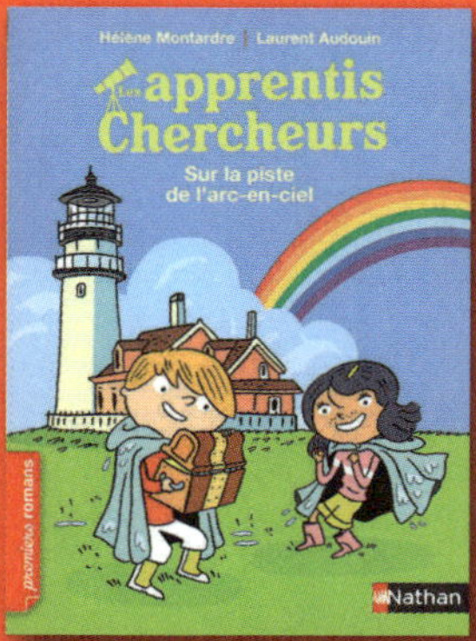

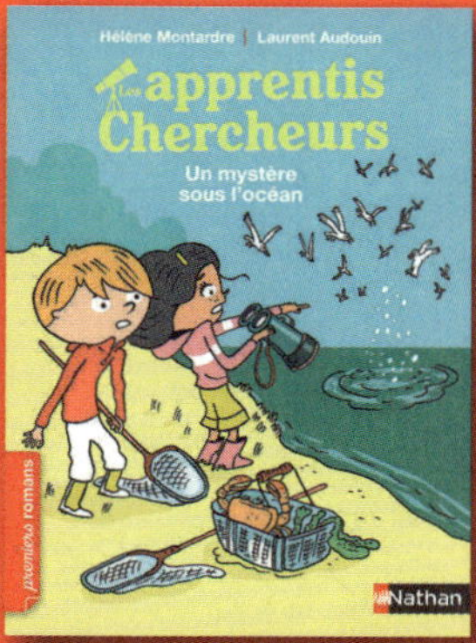

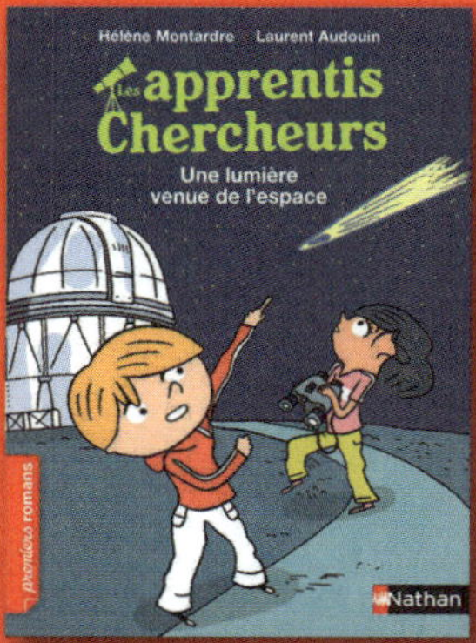

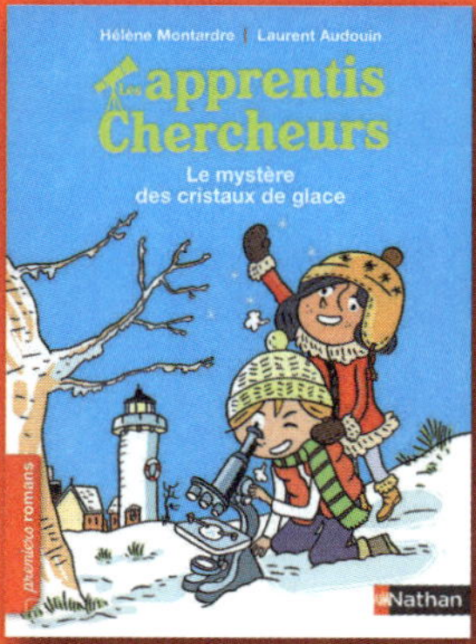

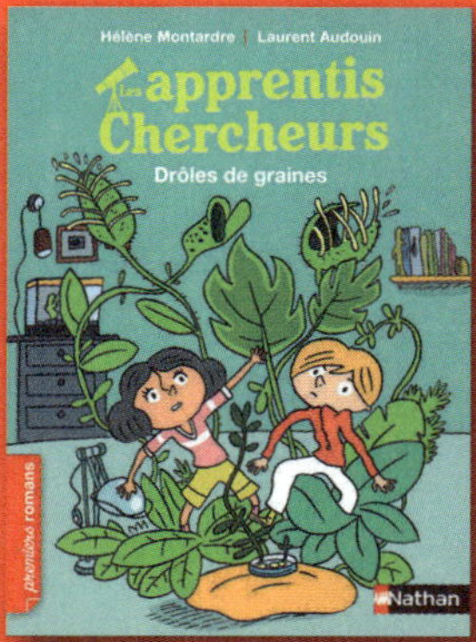

N° éditeur : 10226617 – Dépôt légal : juin 2017
Achevé d'imprimer en mai 2017 par Pollina (85400 Luçon, Vendée, France) - L80751